¿SE LESIONÓ TRABAJANDO en California?

¡Esta es la guía para que reciba lo que se merece!

Scott M. Blumen, Esq.

Jacobs y Whitehall
73-03 Bell Blvd, #10
Oakland Gardens, Nueva York 11364
www.jacobsandwhitehall.com

Información sobre pedidos:

Cantidad de ventas. Se ofrecen descuentos especiales al comprar un gran número de ejemplares por parte de empresas, asociaciones y otras entidades. Póngase en contacto con el editor en la dirección arriba mencionada para obtener más información.

Pedidos por parte de las librerías comerciales y mayoristas de Estados Unidos. Contacte a Jacobs y Whitehall: Tel.: (888) 991-2766 o visite www.jacobsandwhitehall.com.

Impreso en los Estados Unidos de América

Publicado en 2022

ISBN: 978-1-954506-50-3

PRÓLOGO

El sistema de compensación de trabajadores de California, antes generoso e intencionalmente liberal, sufrió repetidos recortes por parte de la legislatura de California en 2004 y nuevamente en 2010 durante los mandatos de los gobernadores Schwarzenegger y Brown, respectivamente. En consecuencia, ahora hay limitaciones significativas en la cantidad y la duración de los beneficios monetarios, médicos y de recapacitación profesional disponibles para los trabajadores lesionados de California. ¿Recuerda la camiseta que decía "Estoy con un estúpido", con dos flechas apuntando una a la otra? Esto resume bastante bien lo que los abogados, los profesionales de siniestros y los clientes deben enfrentar en muchas ocasiones, debido en gran parte a la dependencia de normas demasiado complicadas y técnicas que, en opinión de algunos profesionales, han causado más retrasos y negaciones, en vez de agilizar el proceso.

Solo podrá producirse un cambio significativo a través del proceso legislativo. Lamentablemente, los trabajadores lesionados no son considerados una prioridad legislativa, y además siempre están en debate las estadísticas sobre el funcionamiento (o no) de este sistema.

Este libro pretende ofrecer al lector una mirada al interior de los aspectos relacionados con una demanda de compensación de trabajadores. No está destinado a ser un análisis exhaustivo o completo, ni siquiera un libro de "cómo se hace". Para empezar, la vida es muy corta, y muchos clientes serían más felices y sus casos marcharían mejor si hablaran e incluso contrataran a un abogado al inicio del proceso. En ocasiones, se pueden evitar errores graves, en vez de tratar de arreglar el problema cuando ya se ha producido. Al leer este libro, piense en nosotros como si se tratara de un médico, un mecánico, un chef o una persona que repara computadoras. Definitivamente, una onza de prevención vale más que una libra de cura. Además, sabemos dónde están enterradas las minas y los cadavers.

DEDICATORIA

Quisiera dedicar este libro a mi madre y a mi padre, que me quisieron, apoyaron y creyeron en mí antes de que yo creyera en mí mismo. También quiero agradecer a mi mujer y mis hijos por su amor y paciencia, y por haberme escuchado siempre, sin importar la cantidad de veces que repetía la misma historia sin cesar.

También quiero dedicar este libro a todos los que desean recurrir a mi guía, pues todos ustedes son auténticos regalos de Dios.

Descargo De Reponsabilidad

Este libro debe ser usado solamente para propósitos educativos. Al leer esta publicación no se está dando ningún tipo de asesoramiento legal, ni se está estableciendo una relación abogado-cliente. Asimismo, el autor no se hace responsable de los errores u omisiones ni de la forma en que se use o interprete el libro o su contenido, o de las consecuencias resultantes directa o indirectamente del uso del mismo. Si desea recibir asesoramiento jurídico o de otro tipo, sírvase consultar con un abogado con experiencia o a un experto capacitado, que conozca los hechos concretos de su caso y tenga conocimiento de la ley de su jurisdicción.

Despacho de abogados Scott M. Blumen
2635 Camino del Rio South, Suite 104
San Diego, CA 92108
(619) 293-4694
www.scottblumenlaw.com

TESTIMONIOS

"Desde el primer momento fue sincero conmigo haciéndome saber todas las opciones posibles. Esto, sin duda, es lo que más agradezco".

– Marcos, San Diego

****

"Seré claro: contratar a Scott y a su equipo para que llevaran mi caso fue una de las mejores decisiones que he tomado en mi vida".

– Chris, San Diego

****

"En realidad, Scott se preocupa por sus clientes y sus beneficios".

– Nadia, San Diego

****

"Con Scott se me quitaron las preocupaciones y pude concentrarme en cosas más importantes como mejorarme"

– Marcos, Chula Vista

****

ÍNDICE

i. **Prólogo** 3

ii. **Dedicatoria** 5

iii. **Descargo De Reponsabilidad** 6

iv. **Testimonios** 7

v. **Índice** 8

vi. **Sobre El Autor** 11

1. **¿Cómo Funciona La Ley De Compensación De Trabajadores En California?** 19

2. **¿Están Obligados Todos Los Empleadores A Tener Un Seguro De Compensación De Trabajadores?** 26

3. **¿Que Es Considerado Como Un Reclamo De Compensacion De Trabajadores Fraudulento?** 30

4. **¿Qué Sucede Cuando Un Trabajador Tiene Una Reclamación De Compensación Válida En California?** 43

5. **¿Qué Pasa Si El Trabajador Tiene Parte De La Culpa?** 48

6. **¿Puede Un Trabajador Que Sufre Una Lesión Elegir Un Médico Para Que Lo Evalúe?** 52

7. **¿Cuáles Son Las Causas Para Que Se Niegue Una Reclamación De Compensación De Trabajadores?** 59

8. **¿Cómo Se Calculan Los Beneficios De Compensación De Trabajadores En California?** 71

9. **Factores A Considerar Antes De Aceptar Un Acuerdo De Conciliación En Su Caso De Compensación De Trabajadores** 76

10. **¿Cómo Puede Un Acuerdo De Conciliación De Compensación De Trabajadores Afectar Otros Beneficios?** 82

11. **¿Debería Contratar A Un Abogado Justo Después De Una Lesión O Debo Esperar A Que Me Nieguen La Compensación? 86**

12. **¿Cuál Es La Diferencia Entre Su Bufete De Abogados Y Usted Y? 92**

vii. **Índice 103**

viii. **Notas 108**

SOBRE EL AUTOR

Me admitieron para ejercer el derecho en el Colegio de Abogados del estado de California en el año 1989. Soy un Especialista Certificado en Derecho de Compensación de Trabajadores. Además, de ser árbitro en el Colegio de Abogados del Condado de San Diego, en donde resuelvo las disputas de honorarios que surgen entre los abogados y sus clientes. Serví como juez voluntario para la Corte Superior de San Diego, atendiendo casos de reclamaciones menores. Previamente actué como juez voluntario para la Junta de Apelaciones de Compensación de Trabajadores. Además, soy mediador del Sindicato Internacional de

Trabajadores de Alimentos y Comercio. Anteriormente, presidí el Capítulo de San Diego de la Asociación de Abogados Solicitantes de California, la cual es una asociación de cabildeo a favor de los derechos de los trabajadores lesionados.

También he impartido seminarios para cursos de formación jurídica acerca de los contrainterrogatorios a médicos en casos de compensación de trabajadores. Después de más de 30 años como abogado, sé que existe una forma correcta y una forma incorrecta de hacer las cosas. Llevé a juicio numerosos casos de compensación de trabajadores y otros de lesiones personales civiles. Para los casos de compensación de trabajadores, los juicios son presentados ante un juez de derecho administrativo únicamente. Mientras que los casos de lesiones civiles se presentan ante un juez y, en la mayoría de los casos, ante un jurado.

A diario, pongo todo mi empeño en proteger a mis clientes de acuerdo con la ley. Esto lo logro por medio del desarrollo de una estrategia específica para cada uno de mis clientes. La ley de compensación de trabajadores de California esta diseñada en beneficio del trabajador lesionado. Pero lamentablemente, esto no siempre se ve plasmado en la realidad. Por lo general, los clientes tienen una mezcla entre dolor y sufrimiento, discapacidad, deterioro y daños y perjuicios, así como que cuál de estos conceptos se aplican en una demanda por lesión laboral. En este libro me esforzaré por abarcar dichos conceptos.

¿Para quién es este libro? ¿Qué desea explicarle a quienes lean este libro?

A mi juicio, existen tres tipos de casos de compensación de trabajadores. El primer tipo implica una lesión que prácticamente se cura por sí sola, y tiene efectos secundarios mínimos e incluso nulos. Esta lesión es tan leve como un corte con un papel, o tan importante como un brazo roto; la característica que la distingue es que la persona se recupera.

El segundo tipo es el que involucra lesiones importantes, y la aseguradora hace todo lo posible para garantizar el tratamiento médico y que se paguen todos los beneficios. Pocas veces veo este tipo de casos, sin embargo, cuando sucede, a menudo recomiendo al trabajador lesionado, denominado "Solicitante" (que es el equivalente de un demandante en la compensación de trabajadores), por lo menos temporalmente, que proceda sin representación legal. ¿Para qué intentar reparar algo que no está roto?

Si analizamos el caso con detenimiento, ¿realmente está avanzando sin problemas, con el profesional médico apropiado encargado de conseguir el tratamiento médico necesario? ¿Cómo alguien que nunca ha pasado por un siniestro puede saberlo? Dicho esto, no está de más programar una consulta con un abogado, ¡y será gratuita!

A menudo, el caso puede comenzar sin problemas, pero en el camino surgirán una serie de complicaciones. La mayoría de los clientes desean tener la tranquilidad de saber que un abogado competente estará allí para garantizar que se les tratará de forma justa y que saldrán con un acuerdo de conciliación razonable. Si considero que mis servicios no son necesarios, por el momento, le informaré al cliente y le aconsejaré que vuelva después de uno o dos meses, hasta que ocurra algo concreto. Lo más frecuente es que realmente ocurra algo, o bien que el cliente se canse de "leer el manual de instrucciones" o de esperar la llamada del perito. O el cliente desea que me ocupe de gestionar el caso simplemente para poder descansar mejor por la noche.

El tercer tipo se refiere a los casos que no avanzan rápidamente, o ni siquiera avanzan, por una u otra razón. Puede que el tratamiento médico se retrase o sea negado por completo, que resulte imposible contactar con el perito, o que los médicos (por lo general en las clínicas médicas industriales) no le den importancia a los efectos de la lesión y remitan al trabajador lesionado a su sitio de trabajo con restricciones de trabajo mínimas o sin ellas. Esto está bien cuando se trata de un corte con un papel, ¡pero no está bien que la clínica trate de minimizar los costos y no se moleste en ver cuáles son realmente las lesiones! Este tipo de prácticas son más frecuentes de lo que se cree.

En ocasiones, a los clientes les ofrecen un acuerdo de conciliación muy bajo, uno que jamás sería aprobado por un juez.

Las leyes sobre lesiones personales y compensación de trabajadores son técnicas y complicadas. La mejor forma de manejarlas es con la asistencia de un experto. Los buenos abogados se parecen a los reparadores de computadoras, a los mecánicos o a los chefs: sabemos cómo solucionar un problema sin ver el manual de uso cada vez que haya una situación nueva o un problema.

¿Quiénes son sus clientes? ¿En qué sectores trabajan?

Nuestros clientes son trabajadores; generalmente no representamos a contratistas independientes o a individuos que trabajan por cuenta propia debido a que no son elegibles para recibir los beneficios de la compensación de trabajadores. A partir del año 2018, en California cambió la forma de determinar cuándo una persona es un empleado o un contratista independiente, debido al caso Dynamex y al proyecto de ley 5 de la Asamblea de California, que limitó considerablemente la capacidad del empleador de clasificar a los trabajadores como contratista independiente, y no como empleados. De acuerdo con los medios de comunicación, estas leyes afectaron más a Uber, Lyft y a los repartidores de comida, provocando una gran polémica. No quiero entrar en política, pero sí decir que los empresarios no pueden clasificar a un trabajador como contratista independiente por el mero uso del término.

Es más, existen muchos casos en los que un empleador puede tratar de clasificar a un trabajador como contratista independiente de forma incorrecta o ilegal. Por eso, cuando una persona se lesiona en el trabajo y el empleador plantea el tema de si es un empleado o no, es mejor consultar con un abogado porque este análisis puede ser muy complicado.

He representado a médicos, abogados, enfermeras, trabajadores de la construcción, empleadas del hogar, plomeros, electricistas, recepcionistas de Walmart, operadores de equipos pesados, maestros, funcionarios de seguridad pública, empleados municipales, conductores de autobús, atletas, celebridades y personalidades religiosas. Una vez que la aseguradora acepta el caso, suele haberse cumplido los criterios para ser considerado un empleado con lo cual deja de ser un problema.

CAPÍTULO 1

¿CÓMO FUNCIONA LA LEY DE COMPENSACIÓN DE TRABAJADORES EN CALIFORNIA?

A principios del siglo XX fue promulgado el sistema de compensación de trabajadores de California. El objetivo del sistema era lograr que los trabajadores gravemente lesionados por un accidente laboral no tuvieran que presentar una demanda por daños y perjuicios ante los tribunales civiles para empezar a cobrar de inmediato las facturas médicas, los salarios caídos y otros beneficios.

Existen muchas diferencias importantes entre el sistema de responsabilidad civil y el sistema de compensación de trabajadores. Una de ellas se refiere a la cuestión de la culpa. En California, cuando una persona sufre una lesión en un accidente de tránsitos, debe probar la culpa o la negligencia de la otra parte involucrada para cobrar los daños y perjuicios. Sin embargo, en el sistema de compensación de trabajadores la responsabilidad es irrelevante. Cuando un trabajador se pasa un semáforo en luz de color rojo y choca con otro carro en una intersección mientras conduce un carro del trabajo, el trabajdor puede lesionarse y lesionar al conductor del otro carro. Este trabajador puede solicitar una compensación por accidente de trabajo válida, incluso siendo culpable de haber provocado el accidente. Sin embargo, no puede reclamar en una acción civil por daños personales por ser culpable.

Hay personas que son auténticas víctimas del descuido o la negligencia del empleador. Su lesión en el trabajo pudo haberse evitado fácilmente si el empleador o un compañero de trabajo se mostrara más cuidadoso. Esto causa una gran frustración, pues nadie quiere lesionarse innecesariamente. Sin embargo, esta situación carece de importancia cuando se trata de un accidente de trabajo común, salvo que se solicite una indemnización.

Cabe recordar que "negligencia" es un término elegante para indicar descuido o falta de atención. Ser negligente no es un delito, excepto cuando hay drogas o alcohol involucrados. Cuando un empleado rellena el formato de reclamo DWC 1 de compensación de trabajadores exigido por el estado y la aseguradora del empleador lo acepta, el trabajador puede reclamar legalmente. Pero la gravedad de las lesiones y los efectos permanentes suelen ser objeto de controversia.

Según la cláusula de "recurso exclusivo" del seguro de compensación de trabajadores de California (véase el artículo 3600 del Código Laboral de California), un trabajador lesionado no puede demandar a un empleador por una lesión relacionada con el trabajo, solo puede exigir los beneficios del seguro de compensación de trabajadores. Pero si otra persona que no sea el empleador provoca una lesión en el trabajo por negligencia (o intencionalmente), el trabajador puede presentar una demanda civil por daños y perjuicios contra el culpable, a través de su aseguradora, y presentar además una demanda de compensación de trabajadores contra su empleador. Se trata de un caso "cruzado". Supongamos, que una trabajadora de Amazon es mordida por un perro mientras entrega un paquete en un domicilio particular. Ella puede presentar una demanda civil en contra del dueño del perro, al igual que reclamar a Amazon los beneficios de la compensación de trabajadores.

El sistema de compensación de trabajadores tiene un estándar del uno por ciento de causalidad por lesiones físicas. Por su parte el sistema civil tiene un estándar de causalidad del 50,1 por ciento en todos los supuestos de una reclamación, incluida la lesión física. Cuando una persona sufre un dolor de espalda grave desde hace mucho tiempo y se lesiona tras caer en una zanja en el trabajo, puede reclamar basándose en la "lesión específica" (es decir, la caída en la zanja). En caso de que se recomiende una cirugía de espalda, ésta puede ser cubierta por la compensación de trabajadores, aunque haya pruebas de que la cirugía de espalda se necesitaba antes de caer en la zanja. Aunque el 99% de la necesidad de la cirugía se deba a algo distinto de la "lesión específica", la compensación de trabajadores debe pagar la cirugía.

La mayor parte de los estados, entre ellos California, también admiten como válidas las lesiones por "Traumatismo Continuo" o "Traumatismo Acumulativo" (CT, por sus siglas en inglés). Este tipo de reclamaciones tienen un estándar de causalidad o agravamiento del uno por ciento. Supongamos que un trabajador de la construcción siente dolor en la muñeca y entumecimiento en el codo al cabo de 15 años de usar un martillo neumático a diario. Quizás no informe de esta lesión a su supervisor. Porque teme perder su trabajo. Confía en que el problema vaya mejorando con el tiempo. Es posible que ni siquiera crea que tiene una lesión legítima de origen laboral debido a que no existe una causa "específica" de estos síntomas. Unos meses más tarde, los síntomas se agravan tanto que es incapaz de sostener una taza de café o una máquina de afeitar, por lo que acude al médico. Le cuenta todo y, afortunadamente, el medico entiende la ley y la norma de causalidad del 1%. Este trabajador de la construcción realmente tiene un reclamo de compensación de trabajadores válido.

Por desgracia, son muchos los médicos que no entienden esto y se niegan a tratar a los pacientes de compensación de trabajadores por diversas razones, por lo que en ocasiones el médico no asesora adecuadamente al paciente. Lo que es peor, a veces los médicos se niegan rotundamente a tratar al paciente, aunque el médico conozca las normas, por lo que el paciente se ve en la obligación de presentar la reclamación y poner a rodar la pelota antes de recibir cualquier tratamiento en el sistema de compensación de trabajadores, e incluso la aseguradora puede demorarse o negarse a dar cualquier tratamiento hasta que se decida la cuestión de la causalidad. Por desgracia, este escenario se da con bastante frecuencia, después de haber presentado la reclamación.

Las reclamaciones por CT son frecuentes entre personas con trabajos físicos con movimientos repetitivos. Las personas que usan teclados de computadora a diario sufren lesiones en las muñecas, las que pasan años en la construcción sufren lesiones en el cuello y la espalda, y las que tiran una y otra vez las pesadas cubetas de las fregonas o hacen trabajos por encima de la cabeza padecen lesiones en los hombros. En el caso de las secretarias, el uso habitual de las computadoras y la escritura con teclado son factores que provocan lesiones en el túnel carpiano y tendinitis en el codo. Este tipo de reclamaciones son las que el sector asegurador de California ha querido eliminar, debido principalmente a los elevados costos de las reclamaciones en general. Afortunadamente, no ha ocurrido, y espero que nunca ocurra. Existe una gran cantidad de personas honestas y trabajadoras que sufren lesiones por traumatismo acumulativo. Si se eliminaran este tipo de lesiones del sistema de compensación, perderían la posibilidad de recibir los beneficios médicos y salariales necesarios.

Capítulo 2

¿Están Obligados Todos Los Empleadores A Tener Un Seguro De Compensación De Trabajadores?

Sí. La falta de seguro de compensación de trabajadores en California es un delito que puede dar lugar a multas civiles, sanciones y demandas contra el empleador.

¿Qué se entiende exactamente por lesión indemnizable según la ley de compensación de trabajadores de California?

La ley de compensación de trabajadores de California establece que para que una lesión sea indemnizable (esto significa cubierta, aceptada o reconocida), tiene que cumplir la regla de causalidad del uno por ciento. Cuando la aseguradora reconoce que el trabajador sufrió una lesión, la reclamación es considerada indemnizable y se deben dar los beneficios.

¿Están cubiertas las lesiones psicológicas bajo la ley de compensación de trabajadores de California?

Las lesiones psicológicas amparadas bajo la ley de compensación de trabajadores a menudo tienen su origen en el acoso sexual o físico, o en la angustia emocional por exceso de trabajo. A las lesiones psicológicas se les aplica un estándar del 50,1% de causalidad relacionada con el trabajo, en lugar del 1% de las lesiones físicas. Adicionalmente, el trabajador debe haber prestado sus servicios al empleador durante al menos seis meses antes de la lesión. Como excepción a la norma de los seis meses están las lesiones por actos repentinos y violentos y/o las lesiones catastróficas. Es fácil probar que es un acto violento, como lo es ser agredido físicamente o ser apuntado con una pistola en un atraco a un banco. Según el Tribunal de Apelación de California, debe decidirse caso por caso si algo es considerado como una lesión catastrófica, además de las amputaciones, la parálisis o la pérdida de la vista, por ejemplo.

Se han producido una gran cantidad de litigios en California sobre si las lesiones psicológicas que aparecen como consecuencia de una lesión física inicial están cubiertas por la ley de compensación de trabajadores. A partir de los cambios legislativos, se han establecido importantes limitaciones a la hora de presentar una lesión psicológica como consecuencia secundaria de una lesión física inicial. Es decir, que si una persona le dieron un puñetazo en la cara durante el trabajo, podrá presentar una reclamación por lesiones físicas y psicológicas. En cambio, si una persona sufrió una lesión en las muñecas y luego tuvo problemas para afrontar las secuelas de la lesión (por ejemplo, una cirugía sin éxito, repercusiones económicas de la lesión, un divorcio o la incapacidad de volver a trabajar), la persona estaría muy limitada en cuanto a recibir una indemnización por los efectos permanentes de la lesión psicológica. Sin embargo, lo mejor es consultar a un abogado experimentado que le asesore sobre el tema. Nunca hay que dar nada por sentado, puesto que hay muchos matices sutiles en la ley de compensación de trabajadores y también en cualquier otra área de la ley.

CAPÍTULO 3

¿QUE ES CONSIDERADO COMO UN RECLAMO DE COMPENSACION DE TRABAJADORES FRAUDULENTO?

Toda persona que presente una reclamación de beneficios de compensación de trabajadores tiene que ser 100 por ciento veraz sobre todos los aspectos de la reclamación. Es decir, si alguien declara deliberadamente algo falso (a sabiendas de que es falso en el momento de hacer la declaración) a cualquier persona sobre un asunto, puede recibir sanciones severas de hasta 10,000 dólares o incluso la cárcel. Puede aplicarse sanciones civiles y penales por perjurio (mentir bajo juramento) y por fraude al seguro. Esta ley es aplicable para todos los implicados en la reclamación, incluidos los abogados, los trabajadores, los médicos, las aseguradoras y los administradores de reclamos. Estos son asuntos muy serios y se pueden evitar con facilidad cuando se es sincero.

Pese a lo que muchos puedan creer de los abogados, jamás participaré, toleraré o "miraré para otro lado" frente a una práctica deshonesta por parte de mis clientes. Cuando tengo motivos para creer que un cliente oculta algo o no es totalmente honesto, no acepto el caso. En mi despacho aplicamos la política de tolerancia cero, y estoy orgulloso de decir que he echado a menos de diez clientes en toda mi carrera por fraude o sospecha de fraude.

Ahora bien, debemos aclarar lo que se considera fraude y lo que no, especialmente porque los medios de comunicación han hecho un pésimo trabajo al presentar el fraude en los periódicos y en la televisión.

Resulta difícil fingir una lesión, aunque en teoría una persona puede lesionarse fuera del trabajo y declararlo como una lesión laboral sin testigos. Las aseguradoras disponen de peritos, investigadores y abogados muy sofisticados para detectar los casos fraudulentos o potencialmente fraudulentos y remitirlos a los fiscales y al Departamento de Seguros de California.

Hace poco el sur de California sufrió una incidencia muy alta de reclamaciones cuestionables. Estas reclamaciones implicaban generalmente a clientes que no hablaban inglés y que eran (a veces ilegal) solicitados por abogados, médicos y otros denominados "administradores", "investigadores" y negociadores a fin de que presentaran, principalmente, reclamaciones por traumatismo continuo a las aseguradoras, y que éstas trataran de resolver los casos por 5,000 dólares o menos. Muchos de los infractores fueron procesados. Si bien la cantidad de casos fraudulentos es poca, juntos representan millones de dólares gastados en la defensa e incluso en el pago de siniestros dudosos. Cuando era presidente del Capítulo de San Diego de la Asociación de Abogados de Solicitantes de California, que es una agrupación estatal dedicada a proteger los derechos de los trabajadores lesionados, descubrí una serie de reclamaciones de este tipo. Fueron fáciles de identificar, y sin duda tenían un patrón. Una trayectoria laboral corta, el cliente que no habla inglés, reclamaciones de lesiones en todo el cuerpo, médicos de los que nunca había oído hablar o con una reputación dudosa. Además, teníamos a los abogados, que usaban a los vendedores y a los investigadores para hacer negocio. Algunos clientes eran víctimas, pues no conocían a su abogado ni les explicaban los trámites antes de firmar. Eran contratados por una persona en su casa o en un restaurante de comida rápida. Lo triste es que, aunque había muchas reclamaciones cuestionables, también había muchas legítimas que eran completamente ignoradas por los abogados de dudosa reputación.

Una parte de los abogados deshonestos se abrió paso en el mercado de San Diego. Captaban a los clientes potenciales por medio de folletos y tarjetas de visita que dejaban a la vista en los parabrisas en centros comerciales y la publicidad en las cadenas de televisión extranjeras.

Personalmente, presenté a los investigadores de las aseguradoras unos 30 abogados de la localidad a quienes las empresas de dudosa reputación les arrebataban casos legítimos. Esta labor ayudó a llevar a los defraudadores ante la justicia. Pero, del mismo modo que en el caso de la inmigración y el contrabando de drogas, las acciones de la fiscalía no han servido para acabar con todos los abogados, comerciantes, médicos y asesores legales, aunque muchos malos actores fueron procesados con éxito e incluso encarcelados y recibieron cuantiosas multas.

Hay muchas historias en la televisión sobre trabajadores lesionados que han sido captados por las cámaras de vigilancia en las que se les ve haciendo esquí acuático, levantando pesas, haciendo footing, jugando bolos o montando a caballo. ¿Se considera ilegal hacer estas actividades teniendo una lesión laboral? Aunque esta pregunta es mejor que la responda un médico, una repuesta corta es NO,

DESDE LUEGO QUE NO. Puede que sea una locura hacer este tipo de cosas, pero este no es el problema, el problema es cuando el trabajador niega, bien sea a su médico, a la compañía aseguradora o cuando testifica bajo juramento en una declaración, que puede hacer las actividades que se ven en el video de vigilancia. Es, por esta razón, que todos deben ser sinceros sobre cada aspecto del caso, en todo momento.

¿Qué ocurre luego de presentar mi reclamación?

Al presentar una reclamación de compensación, la aseguradora o el gestor de riesgo tiene hasta 90 días de plazo para aceptar la reclamación y otorgar los beneficios médicos y pérdida de salario por descapacidad, o retrasar o negar la reclamación o comenzar una investigación. Si al cabo de 90 días la aseguradora no lo hace, se puede "suponer que fue aceptada" y no se puede usar ninguna otra información después de este plazo para rechazar la reclamación.

Un empleador puede decidir retrasar o negar una reclamación sin motivo alguno, o por una razón maliciosa. Cuando un solicitante se dirige al examinador de forma brusca o grosera, el ajustador de seguros puede enfadarse y decidir negar la reclamación, aparentemente motivado por el rencor.

En el caso de que la reclamación no sea aceptada pero está dentro del plazo de investigación de 90 días, el trabajador podrá solicitar tratamiento médico hasta de 10,000 dólares. Si la reclamación es totalmente negada, hay mucho trabajo por hacer, y dejará de recibir el tratamiento médico y los beneficios por discapacidad. Si la reclamación es negada, tendrá que buscar un evaluador médico calificado (QME, por sus siglas en inglés) del estado de California, el cual evaluará si hubo una lesión laboral. Un QME viene a ser una especie de árbitro médico, por lo que los jueces generalmente le dan mucha importancia a las opiniones incluidas en sus informes.

Cuando un trabajador lo representa un abogado, la elección del QME está sujeta a distintas reglas. Cuando el trabajador se encarga de su propio reclamo sin abogado, el administrador de reclamos le enviará el formato apropiado y así podrá iniciar el proceso de selección del panel. Por lo general, el trabajador tiene 10 días para llenar la documentación, elegir un médico en la especialidad médica o quiropráctica adecuada y enviarla por correo. A continuación, la unidad médica del estado generará una lista de tres evaluadores y el trabajador escogerá a uno de ellos. Como regla general, el evaluador concertará una cita dentro de los 60 días siguientes, realizará una evaluación y remitirá un informe médico a las partes.

El problema es el siguiente: ¿qué médico (cualquiera de los tres) es capaz de elaborar un informe completo que sea aprobado por un juez si lo revisa para verificar su exactitud, legitimidad y rigor? ¿Qué médico (cualquiera de los tres) actúa de forma justa y sensata, y conoce la legislación vigente? ¿Qué médico (cualquiera de los tres) "bebe el Kool-Aid" de las aseguradoras y hará un informe muy desfavorable para el trabajador? ¿Qué pasa si el caso es aceptado, pero el médico manda al lesionado injustificadamente a trabajar a las dos semanas, sin ninguna limitación laboral o de otro tipo? Esto sucede con mucha frecuencia en las clínicas industriales. Muchas veces le he preguntado a los clientes sobre si habían discutido esto con su médico. Y con frecuencia, el cliente manifiesta que el médico lo mandó a trabajar nuevamente porque el empleador lo presionó. Es difícil de creer, pero la evidencia es que eligen un nuevo médico tratante o una segunda opinión. Muchas veces le he preguntado a los clientes

¿Qué pasa si la persona lesionada está de baja pero no recibe sus cheques de discapacidad, o los cheques dejaron de llegar repentinamente?

Estas son preguntas cruciales y comunes, por esta razón es importante consultar y/o contratar a un abogado mientras dure este proceso. Sencillamente, los abogados saben cómo mover las piezas del ajedrez.

Apostaría un dólar a que el 99% de los trabajadores jamás sabrán si un QME, aunque esté certificado, será honesto, preciso o veraz cuando prepare un informe. Algunas veces, les decimos a nuestros potenciales clientes que elijan a uno de los tres médicos de la lista, y luego que lo consulten para que les dé el informe antes de contratarnos. Esta es la ventaja de NO tener un abogado. Cuando el cliente no está representado, puede escoger cualquiera de los 3 médicos del panel para que lo evalúen. En cambio, si está representado, el abogado y la aseguradora tienen cada uno la posibilidad de eliminar a un médico del panel, con lo que el médico restante es el evaluador por defecto. Es preferible pedirle al cliente que vea al mejor médico del panel a que sea evaluado por el médico por defecto, con tal de que pueda conseguir un nuevo cliente.

¿Qué sucede cuando aceptan la reclamación?

Probablemente, el trabajador será remitido a una clínica médica industrial contratada por el empleador o la aseguradora para atender a los trabajadores lesionados. Debemos preguntarnos: ¿estas clínicas examinan y tratan las lesiones de los trabajadores de manera profunda y minuciosa, o por el contrario le restan importancia para reducir los costos? Es una pregunta capciosa, pero ¿qué piensa?

Aproximadamente el 99% de las veces, un empleador o aseguradora dispondrá de su propia red de proveedores médicos, denominada MPN (por sus siglas en inglés). En estas redes hay una gran variedad de médicos especialistas a los que puede acudir un trabajador lesionado. Sin embargo, debido a la cantidad de papeleo y a las bajas remuneraciones que se pagan, algunos especialistas han abandonado el sistema y no aceptan pacientes de compensación de trabajadores. Los abogados con experiencia reducirán la lista de proveedores para garantizar la elección de un médico con la especialidad adecuada. Cada vez hay más demanda de médicos y, tristemente, no veo una luz al final del túnel si no se lleva a cabo una reforma importante de nuestro sistema de salud.

Las solicitudes de tratamiento (aspirinas, radiografías o cirugía de cerebro) tienen que pasar por una revisión de utilización (UR, por sus siglas en inglés). El proveedor solicitante deberá rellenar un formato de solicitud de asistencia (RFA, por sus siglas en inglés) de tres páginas. Esta RFA está basada en un algoritmo, o fórmula, y se entrega a un médico o enfermera de la UR que nunca ha visto al paciente. En un plazo de unos 10 días, el médico o la enfermera darán una opinión basada en la RFA. En caso de que el proveedor solicitante no pueda justificar nada de lo que aparece en la RFA, se negará la solicitud. Los médicos privados no tienen que lidiar con esta situación, y es una de las razones por las que tantos médicos no quieren trabajar con el sistema de compensación de trabajadores.

Cuando se autoriza el tratamiento, es posible que haya transcurrido más de un mes, lo cual retrasa y complica la recuperación de las lesiones del paciente. A causa de esto, los tratamientos tienden a ser muy lentos, como ser detenido por un agente de la policía cada cinco millas durante un viaje largo por carretera. Puede durar diez veces más de lo que duraría si no se detuviera. Tristemente, esta es una situación muy común, y es un motivo de frustración, no solo para el trabajador lesionado sino también para todos los demás integrantes del sistema, incluyéndome a mí. Hasta los ajustadores de reclamaciones, sus abogados y los jueces admiten que la UR retrasa la gestión de los beneficios médicos ¡cuando se supone que está pensada para agilizar los trámites! Para colmo, algunos proveedores de servicios médicos privados se niegan a ver al paciente que sufre una lesión laboral salvo que haya un peligro inmediato, daños o muerte.

Considero que una gran parte de las personas involucradas en este sistema son bienintencionadas, pero los retrasos, el rechazo de los tratamientos y el aumento de los costos son el resultado de un sistema compuesto por normas intransigentes y revisores de reclamaciones muy ocupados (a menudo sin experiencia) a quienes se les da poca autoridad. Es sorprendente ver que un sistema que fue diseñado para funcionar eficientemente y para ahorrar dinero no lo haga.

Capítulo 4

¿Qué Sucede Cuando Un Trabajador Tiene Una Reclamación De Compensación Válida En California?

En caso de que un trabajador piense que tiene una reclamación de compensación de trabajadores válida en California, tiene que comunicarlo de inmediato a su supervisor o al departamento de recursos humanos y solicitar un formato de reclamación DWC-1. Es obligación del empleador proporcionar este formato al trabajador en caso de que la lesión sobrepase los "primeros auxilios". Teniendo en cuenta que puede ser objeto de abuso, recomiendo a cualquier persona que tenga una reclamación legítima por lesiones que solicite este formato, sin ninguna duda.

A continuación, el trabajador deberá rellenar la mitad superior del formato y hacer una lista de todas las partes del cuerpo afectadas por la lesión. El representante del empleador rellenará la mitad inferior del formato, una vez completado, el trabajador recibirá una copia del mismo. En caso de que el empleador se rehúse a rellenar el formato DWC 1, deberá ponerse en contacto con nuestra oficina al (619) 293-4694 a la brevedad. La información sobre el seguro de compensación de trabajadores del empleador, puede conseguirse en el sitio web del departamento de relaciones industriales de California, en alguna de las muchas otras fuentes exclusivas de nuestro sector.

¿Cuál puede ser una evidencia clave para demostrar una reclamación de compensación de trabajadores?

En una reclamación de compensación de trabajadores, son elementos de evidencia clave los informes médicos, las declaraciones de los testigos, las fotos, los registros de nóminas, los informes de investigación y el primer informe de lesión del empleador. En caso de que la lesión sea lo suficientemente grave, la Administración de Seguridad y Salud Ocupacional de California (Cal/OSHA, por sus siglas en inglés) es probable que haga una investigación y prepare un informe, el cual sería muy útil en los procesos por negligencia de terceros. En ocasiones, esto puede llevar a la imposición de sanciones al empleador. No olvide que la negligencia del empleador no añade puntos a la tabla en una reclamación normal, pero si existe una conducta evidente o con un alto nivel de riesgo, entonces se puede alegar un incremento de la indemnización por "mala conducta intencionalmente grave" por parte del empleador. Esta circunstancia no es muy fácil de probar, dado que es necesario demostrar que existe prácticamente una intención de perjudicar o que se hace la vista gorda ante un riesgo grave de daño extremo e inminente.

¿ Hay un estatuto de limitaciones para presentar una reclamación de compensación de trabajadores en el estado de California?

Se denomina estatuto de limitaciones, a un período de tiempo específico con el que cuenta una parte para dar inicio a un procedimiento legal. Cuando pasa demasiado tiempo, es posible que una de las partes se quede sin recibir o recuperar los beneficios que desea. ¡Esta definición es muy general! La reclamación de compensación de trabajadores por un accidente laboral debe ser notificada al empleador dentro de las 24 horas siguientes de haberse producido la lesión y, por supuesto, no más de 30 días tras haberse producido. También puede impedir la indemnización el no presentar la reclamación después de un año de la lesión, o luego de dos años de haber recibido el último tratamiento médico. Si bien hay muchas excepciones, no es conveniente retrasar la notificación de una reclamación al empleador, sobre todo si sucede una situación particular. Normalmente, esto no suele ser un problema. En ocasiones sucede una situación particular, como una caída en el trabajo, en la que el trabajador confía en que el dolor lumbar desaparezca en unos días. Puede que esto pase o no, por lo que es recomendable notificar la lesión de todos modos.

Para los casos de traumatismos acumulativo o movimientos repetitivos, el trabajador y/o el médico con frecuencia desconoce el modo exacto en que se aplica la ley, incluso si aplica. Algunos médicos consideran que estas reclamaciones no son legítimas ni válidas. La mayoría de los clientes me han manifestado que creían que solo podían presentar una reclamación por una lesión particular. Después de que el médico informe al trabajador de que la lesión está vinculada al trabajo, y existe un tiempo de discapacidad (baja laboral con o sin paga, disfrute de beneficios estatales o privados por discapacidad), suele aplicarse el plazo de prescripción para presentar la reclamación, que es de dos años. Los jueces de derecho administrativo suelen interpretar los plazos de forma libre favoreciendo al trabajador lesionado.

CAPÍTULO 5

¿QUÉ PASA SI EL TRABAJADOR TIENE PARTE DE LA CULPA?

Como ya hemos dicho, el sistema de compensación de trabajadores es un sistema sin culpables, es decir, cualquier responsabilidad del trabajador lesionado es irrelevante (aunque no siempre) a los fines de una reclamación ordinaria por lesiones laborales. La excepción habitual es cuando se produce una pelea entre trabajadores. Si el reclamante "dio el primer puñetazo", se suele negar la reclamación basándose en que el trabajador lesionado fue el "agresor inicial". También se suele usar esta defensa, incluso cuando el reclamanante simplemente se limitó a defenderse.

Cuando se alega que el trabajador lesionado cometió una "falta grave y deliberada" (un comportamiento imprudente, o que trabajó con drogas o alcohol en el cuerpo) causando la lesión, su reclamación puede verse reducida de forma proporcional a una falta, aunque no he visto que se haya hecho con éxito. Esto se debe a que nunca aceptaría un caso que cumpla con este patrón.

Es muy común que las personas que manejan (o manejan mucho) por trabajo, sufran accidentes de tráfico y resulten lesionadas, a veces gravemente, sin importar si son culpables o no. Si un conductor de UPS se pasa el semáforo con luz de color rojo y choca con otro carro, resultando gravemente herido tanto él como el otro conductor, las lesiones deben ser cubiertas por la compensación de trabajadores. En este escenario, el seguro de responsabilidad civil del empleador debe cubrir también las pérdidas de la otra parte. De ser demandado el trabajador por la otra persona, el caso pasaría al tribunal competente en la materia.

Para tener derecho a la compensación de trabajadores, ¿un trabajador lesionado tiene que estar en el sitio de trabajo?

La respuesta corta es sí. En caso de que el empleador solicite que el trabajador viaje de ida y vuelta al lugar de trabajo, entonces sufre una lesión mientras lo hace o cuando va a la sede de la empresa o a la residencia/negocio de un cliente, ésta lesión debe estar cubierta. Si un trabajador viaja fuera de la ciudad para asistir a una convención patrocinada o exigida por la empresa, y sufre una lesión, ésta debe estar cubierta. En cambio, si el viaje es opcional, no es obligatorio o carece de un interés comercial que beneficie a la empresa, esta lesión no estará cubierta.

En términos generales, un trabajador no está cubierto mientras viaja al trabajo o vuelve de él, a no ser que se desplace en un vehículo de la empresa. Al llegar al estacionamiento, toda lesión que sufra el trabajador estará cubierta. Es lo que se conoce como la regla de "ir y venir". También se cubren las lesiones sufridas durante las pausas para comer o cuando se realizan tareas solicitadas por la empresa.

¿Y qué pasa cuando alguien se lesiona en un picnic o un partido de softbol organizado por la empresa? Logré conseguir una compensación para un trabajador que se lesionó la rodilla de forma traumática tras chocar cuando jugaba basquetbol en una cancha improvisada situada en el lugar de trabajo. A pesar de que el trabajdor se encontraba en una pausa de descanso paga, durante el turno nocturno, el tribunal consideró que la lesión era de origen laboral. Aunque esta actividad es opcional y recreativa, el empleador obtiene un "beneficio" al practicar tales actividades para liberar el estrés, y además tampoco le exigió al trabajador que marcara la salida antes de jugar.

Capítulo 6

¿Puede Un Trabajador Que Sufre Una Lesión Elegir Un Médico Para Que Lo Evalúe?

Al momento de la contratación, hay empleadores que permiten a los nuevos trabajadores firmar un formato de predesignar con el cual pueden elegir a su médico en caso de sufrir una lesión laboral. En mi opinión, la inmensa mayoría de los empleadores del estado de California cuentan con una red de proveedores médicos (MPN) y el trabajador lesionado debe acudir a los médicos de dicha red si sufre una lesión laboral.

En caso de que el empleador no disponga de una red de proveedores médicos, el trabajador lesionado puede elegir libremente y consultar cualquier médico dispuesto a aceptar una reclamación de compensación de trabajadores. Sin embargo, el problema es que cada vez hay menos médicos privados que quieran trabajar con pacientes de compensación de trabajadores. Es por esto que encontrar un médico que ejerza cerca del lugar donde el trabajador vive o trabaja es cada vez más difícil.

Desde el momento en que me contratan para trabajar en un caso, mi primer paso es examinar la red de proveedores médicos del empleador para determinar qué médico es la mejor opción para el caso. Luego verifico que el médico pueda atender a mi cliente con rapidez y si él o su personal pueden comunicarse sin problemas en otro idioma. Cuando el trabajador lesionado habla otro idioma diferente al inglés, se requiere de un intérprete para las citas médicas, el cual paga la aseguradora.

Nos encontramos en un mundo en el que los médicos ganan menos dinero y están obligados a rellenar todo tipo de papeleo, a veces por razones aparentemente innecesarias. Están obligados a atender más pacientes que antes para mantener sus ingresos. En consecuencia, hay menos especialistas, como cirujanos, neurólogos, médicos de medicina interna, y similares, que no están dispuestos a tratar a los pacientes de la compensación de trabajadores. Esta situación tiene un efecto dominó al generar frustrantes demoras y tiempo perdido sin trabajar, puesto que el plazo de dos años para cobrar los beneficios de discapacidad temporal sigue corriendo.

En ocasiones, se obliga a los clientes a tratar con los médicos que tienen en la aseguradora, pero esto también es un problema. En la mayoría de los planes médicos de atención administrada o de bajos costos no está permitido que los médicos den tratamiento a los pacientes con su plan de salud si la lesión está presuntamente relacionada con el trabajo. Lo peor es cuando se niega la reclamación o se objeta alguna parte del cuerpo, el tratamiento médicos del sistema de compensación se suspenden. No es justo que la aseguradora de salud privada niegue el tratamiento bajo estas circunstancias, pero esto sucede a diario. Les recomiendo a mis clientes que, bajo estas circunstancias, llamen al servicio de atención al paciente y expliquen lo que está pasando. En ocasiones, he visto que han conseguido el tratamiento cuando el cliente es persistente, pero con frecuencia los clientes se dan por vencidos o se rinden y se quedan de brazos cruzados cuando se les niega el tratamiento.

¿Qué puedo decirle a mi médico después de un accidente laboral?

Constituye un delito omitir las afecciones y los tratamientos médicos previos o posteriores a un médico (o a otra persona que esté involucrada en la reclamación) cuando pregunte sobre ello, o bien negar la existencia de afecciones previas relevantes al ser consultado. A veces, el médico indica en su informe que el paciente niega haber sufrido alguna lesión anterior, sin embargo, durante el proceso de investigación nos enteramos de que la persona sufrió numerosas lesiones físicas previas, quizás una lesión en la misma parte del cuerpo que es objeto de la actual reclamación. ¿Esto es debido a un paciente que miente o se trata de un informe médico reciclado de otro caso?

Durante mi carrera profesional he visto con mucha frecuencia informes médicos imprecisos, incompletos y mal redactados. El trabajador lesionado siempre deberá informar a su médico todo lo que recuerde en cuanto a posibles reacciones alérgicas, cirugías previas, tratamientos anteriores, reclamaciones y condiciones médicas importantes, por obvias razones.

Casi todos los médicos a los que remitimos a nuestros clientes para que reciban tratamiento son realmente comprensivos con ellos. Actualmente, los médicos tienen que defender más al paciente que a las aseguradoras. En este sentido, es fundamental que los clientes sean muy honestos y veraces con los datos que proporcionan a su médico. Los problemas aparecen cuando los trabajadores lesionados niegan que han tenido lesiones anteriores, pese a que existen numerosas evidencias que demuestran lo contrario. En cuanto salgan a la luz las evidencias, se considerará un fraude a la aseguradora por parte del cliente. Es muy diferente exagerar los dolores y negar las dolencias y los tratamientos anteriores. Admito que hay personas que simplemente lo olvidan, son malos cronistas o hay una barrera con el idioma. Para mí, es bastante fácil distinguir las personas que entran en esta categoría y aquellas que son descaradamente deshonestas.

¿Es posible que mi historial médico se use en mi contra durante una reclamación de compensación de trabajadores?

A partir del momento en que una persona tiene una lesión aceptada y se comprueban las partes del cuerpo, se aplica la regla del uno por ciento de la causalidad. En consecuencia, si una persona con una enfermedad subyacente en el hombro sufre una nueva lesión en el mismo, el tratamiento médico no puede ser negado por el simple hecho de que la condición médica subyacente sea previa a la reclamación. No obstante, en el momento del acuerdo de conciliación de la reclamación, el médico o QME elaborará un "informe permanente y estacionario". Para realizar este informe, el médico o el QME realizará un examen para luego evaluar anatómicamente el "deterioro permanente" de la parte del cuerpo afectada, y para ello, el médico o el QME debe tomar en cuenta las afecciones médicas preexistentes. Este punto se tratará más adelante con más detalle.

CAPÍTULO 7

¿CUÁLES SON LAS CAUSAS PARA QUE SE NIEGUE UNA RECLAMACIÓN DE COMPENSACIÓN DE TRABAJADORES?

Existen muchas causas para que se nieguen las reclamaciones. Es frecuente que la aseguradora no pueda terminar su investigación en un lapso de 90 días, por lo que tendrá que negar la reclamación o estará forzada a dar los beneficios. Otro motivo es cuando el accidente no tiene testigos. También puede ser que el trabajador informe del accidente sin testigos, coincidiendo antes o después con un fin de semana de 3 días, además de tener muy poco tiempo trabajando para el empleador. En algunas ocasiones, la reclamación en sí parece "sospechosa" o cuestionable. Estos tipos de casos simplemente no huelen bien. Me he topado con casos en los que las lesiones son alegadas por personas que nunca han trabajado para el empleador. Incluso he visto casos presentados con una fecha de lesión previa a la contratación de la persona por parte del empleador, o mucho después de que la persona haya sido despedida de su empleo. A este respecto, considero que la razón más común para la negación es la presentación de una reclamación después de haber sido despedido de su trabajo, a diferencia de ser despedido o suspendido. Hay que recordar que en California, la defensa "después de la terminación" hace referencia a situaciones en las que un trabajador no denuncia una lesión laboral mientras está trabajando, sino después de haber sido despedido por el empleador.

Una excepción a esta defensa, es cuando el empleador sabe efectivamente de la lesión, o cuando ha habido tratamiento médico o el empleador ha pagado por él antes del despido. Se han dado muchos casos en los que un trabajador le notifica a su supervisor sobre su lesión laboral, pero éste lo ignora, lo intimida o bien lo amenaza con tomar represalias contra él, o hasta lo despide de inmediato. Desafortunadamente, como San Diego tiene frontera con México, seguimos viendo casos donde el empleador amenaza con deportar a la trabajadora si ésta reclama por una lesión laboral. Según la sección 132 del Código Laboral de California, constituye un delito menor la discriminación de cualquier tipo por parte de un empleador (incluso el despido o la amenaza de despido), hacia un trabajador que haya presentado o considere presentar una reclamación de compensación de trabajadores o hacia un trabajador por haber recibido una compensación de trabajadores.

Anteriormente mencioné que algunos clientes no comprenden las lesiones traumáticas continuas. Hemos defendido a una gran cantidad de trabajadores de guarderías y maestros de preescolar que sufren de graves dolores en el cuello, la espalda, los hombros, las rodillas, los tobillos, los codos o las manos, que son causados o empeorados por levantar a los niños a diario. A lo largo del tiempo, estas personas sufren dolores y no suelen decir nada al empleador; cuando lo hacen, a veces no les proporcionan un formato de reclamación. Algunos empleadores tienen una cultura de trabajo en la que se desprecia a los que presentan reclamaciones por lesiones laborales. En ocasiones, los empleadores no comprenden que las reclamaciones por traumatismos continuos tienen carácter legal en California.

En estas circunstancias, cuando un trabajador acude a un médico que sugiere un tratamiento, siempre pido el historial médico para revisarlo. En la mayoría de los casos, el médico jamás mencionó que las lesiones estaban ligadas a su trabajo. Si el médico y el paciente nunca discutieron acerca de esto (que suele suceder), es posible que haya una reclamación válida de beneficios de compensación de trabajadores. Es decir, mientras la persona no reciba una notificación de discapacidad por parte de un médico o no tenga conocimiento de que la lesión tiene relación con el trabajo, debería proceder la reclamación.

En el sector agrícola, se contrata a muchos trabajadores de forma ilegal y sin la debida documentación. Los empleadores no pueden, ni deben, hacer amenazas intimidatorias (como la deportación y el enjuiciamiento) contra los trabajadores para evitar los informes de lesiones laborales. Es un delito, sin embargo, sigue ocurriendo.

La práctica de contratar a personas para trabajar ilegalmente o con documentación falsa está muy extendida en California. Sin embargo, estos trabajadores son elegibles para recibir los beneficios médicos y de discapacidad de la compensación de trabajadores. A simple vista, esta situación no parece justa. Pero a menudo, el empleador sabe muy bien que está contratando a trabajadores ilegales por un precio muy bajo para que hagan trabajos rudos. Los empleadores saben perfectamente que el trabajador no cuenta con la documentación adecuada para ser contratado, y de todas formas lo contratan. Aunque no lo crea, se trata de un problema de inmigración más que de un problema de compensación de trabajadores de California. Hemos representado exitosamente a una gran cantidad de personas que sufren graves lesiones laborales y que trabajan ilegalmente en el estado de California.

Incluso cuando aceptan la reclamación, las aseguradoras suelen cuestionar la gravedad o la persistencia de las lesiones, alegando la existencia de condiciones médicas previas. Las aseguradoras a menudo consideran que en las reclamaciones de compensación de trabajadores, tanto los trabajadores como los abogados juegan el "juego sobre las partes del cuerpo", es decir, cuando un abogado es contratado, se añaden a la reclamación lesiones adicionales que no se habían reportado inicialmente. En el caso de que la lesión inicial se produzca en la rodilla izquierda, se añadirá otra en la rodilla derecha, en la parte inferior de la columna y/o una lesión psicológica, simplemente para subir la apuesta.

Gran parte de estas reclamaciones son legítimas, por exceso de uso o por consecuencias secundarias. Jamás he alegado ni alegaré una parte del cuerpo o una consecuencia secundaria salvo que considere que es una reclamación justa y válida. Uno de los problemas que observo con frecuencia es que algunos médicos simplemente se niegan a añadir la parte del cuerpo secundaria debido a que el representante del empleador les dice que únicamente están autorizados a tratar la lesión que el paciente informó por primera vez. Es más, los empleadores o las aseguradoras les comunican a ciertos médicos que si añaden otras partes del cuerpo en la reclamación a petición del abogado, el contrato con la red de proveedores médicos será rescindido.

Si bien es cierto que gran parte de estas reclamaciones son legítimas, otras no lo son. En este sentido, son muchos los casos de prácticas abusivas en los que el trabajador presenta una o dos partes del cuerpo específicas que han sido tratadas antes de contratar a un abogado especializado en lesiones. Una vez contratado el abogado, lo primero que hace es añadir todo el sistema corporal. Estos casos se llaman "skin and contents" (piel y otros contenidos). Hay abogados que se valen de esta práctica como modelo de negocio. En ocasiones, alegan falta de sueño, lesiones psicológicas y disfunción sexual o efectos secundarios de los medicamentos a consecuencia de una lesión física, simplemente para incrementar los costos de la aseguradora en la defensa de la reclamación.

Tengo, y sigo teniendo, varios casos que involucran legítimamente distintas partes del cuerpo. Es inapropiado y poco ético, y hasta fraudulento, incurrir a sabiendas en la práctica de añadir partes del cuerpo con el único propósito de incrementar los costos del litigio. Hasta en los casos donde el cliente está apoyado por el médico y el abogado para añadir una parte del cuerpo, esto crea una situación de "el niño que gritó lobo", como mínimo, estos tipos de abogados pierden credibilidad ante las aseguradoras, los jueces y otros colegas. No apruebo en absoluto esta práctica y la evitaré como sea. Siendo un abogado con más de 30 años de experiencia en la profesión y antiguo investigador privado, comprendo perfectamente lo importante que es realizar una evaluación exhaustiva al inicio de un caso, pues es lo que me permite tener una idea general sobre la honestidad y la franqueza del cliente.

No hace mucho tiempo, un abogado que representaba a un cliente descontento (más claro: El cliente consideró que no le había conseguido suficiente dinero, por lo que rechazó el acuerdo), me acusó de no añadir una lesión en el hombro en una reclamación por lesión lumbar de larga duración. El cliente rescindió mis servicios y contrató a un abogado que se encuentra casualmente imputado, luego de tener dos roces con el Colegio de Abogados del estado. Este abogado me manifestó que el cliente estaba molesto conmigo por no haber añadido la "lesión" del hombro a la reclamación, y que "jamás debería jugar a ser médico" al determinar si se debe incluir o no una parte del cuerpo cuando el cliente lo solicita. Resulta interesante que en ninguna de las historias médicas se mencionaba una lesión en el hombro, ni tampoco antes de que el cliente rechazara la oferta del acuerdo de conciliación. La lesión del hombro sólo se mencionó después de que el cliente contara a otro abogado.

Sí perdí un cliente y quizás unos altos honorarios cuando fui despedido como abogado. Sin embargo, no me importó, porque no existe ninguna cantidad de dinero que valga la pena para arriesgar mi reputación. Si bien es cierto que hay muchos abogados a los que no les importa, por suerte a la mayoría de los que conozco sí les importa. Es cierto que siempre oímos historias sobre las manzanas podridas, y pocas veces sobre los que consagran su vida para cuidar a otras personas que no tienen los conocimientos necesarios para hacerlo por su cuenta.

Habiendo dicho lo anterior, los abogados tienen que dar el beneficio de la duda a cada cliente en lo que se refiere a las consecuencias secundarias de una lesión física original. Ahora bien, me parece un disparate una situación de este tipo. Cuando un cliente me cuenta que le ha dicho al médico durante dos años que tiene una consecuencia secundaria, pero el médico simplemente no lo anota en el historial, intentaré solucionar el problema con un nuevo médico tratante o iniciando el proceso de QME. Un antiguo refrán dice que " lo que no consta en el expediente, no existe", y generalmente es cierto, salvo en situaciones donde el médico se niega a anotar una parte del cuerpo sencillamente porque la aseguradora no lo ha autorizado a tratarla o a examinarla. Es necesario hacer diferenciar entre anotar una parte del cuerpo y tratar una parte del cuerpo. El médico tiene que registrar en la historia del paciente todas las molestias que presente, sin importar si está autorizado a tratar o incluso a examinar la parte del cuerpo mencionada. En ocasiones, los médicos anotan en su informe que el paciente se queja de una consecuencia secundaria, pero la aseguradora no le autoriza tratar la parte del cuerpo en cuestión. En mi opinión, estas anotaciones vale su peso en oro.

Las aseguradoras examinan cuidadosamente los historiales médicos, a los demandantes y a los abogados. Estoy orgulloso de poder decir que en nuestras oficinas tenemos una política de tolerancia cero al fraude. Ante una situación inusual, haré todo lo posible en determinar si es legítima o no. Estoy muy agradecido por que la mayoría de los clientes que me consultan son referidos por abogados de buena reputación, médicos, exclientes y miembros de mi comunidad. Contratar a un abogado ético y honesto marca una gran diferencia en cualquier caso. Para nadie es un secreto que algunas aseguradoras tienen la reputación de ser más justas y honestas que otras; esto mismo se puede decir de los abogados.

CAPÍTULO 8

¿CÓMO SE CALCULAN LOS BENEFICIOS DE COMPENSACIÓN DE TRABAJADORES EN CALIFORNIA?

A partir del año 2020, los beneficios de discapacidad temporal en el estado de California se calculan en base a dos tercios del salario semanal promedio, con un mínimo de 194.91 dólares por semana y un máximo de 1,299.43 dólares por semana. Por lo general, estas cifras son ajustadas anualmente. Quedan excluidos los primeros tres días tras la lesión. Los pagos se hacen cada dos semanas en un día específico. En la mayoría de los casos, se establece un periodo de 104 semanas en el que el trabajador lesionado puede recibir estos beneficios por discapacidad. Sin embargo, hay excepciones, en los casos de amputación, pérdida de la vista, parálisis e insuficiencia renal, los pagos pueden prolongarse unos 5 años.

Cuando un trabajador lesionado tiene restricciones laborales (no puede levantar más de 10 libras, ni agacharse repetidas veces) y el empleador no puede cumplir con dichas restricciones, el trabajador es considerado discapacitado temporalmente, sin embargo, se le pagará como si estuviera discapacitado totalmente.

Las dificultades se presentan cuando los empleadores se niegan a facilitar las declaraciones de salarios de las 52 semanas previas a la lesión. Esta situación da lugar a que el trabajador perciba beneficios por debajo de lo que le corresponde. He observado que los empleadores calculan de manera incorrecta los salarios al proporcionar el pago neto (es decir, el pago después de los impuestos y otras retenciones) debiendo ser el pago bruto. Hace poco, asistí a una cliente para que recuperara casi 17,000 dólares en beneficios totales. El empleador calculaba los salarios usando el pago neto y no el pago bruto. Por lo que la cliente recibía casi ¡163 dólares menos a la semana de lo que debía recibir durante dos año!

En el sector de la construcción, algunos representantes de los empleadores tratan de bajar el salario semanal promedio en caso de que se trabaje una cantidad de horas esporádica en algunas semanas del año. A modo de ejemplo, un trabajador recién contratado no dispone de información sobre el salario correspondiente al año anterior, o el empleador paga al trabajador en efectivo y no lleva ningún registro. Son muchas las variaciones sobre el mismo tema; a nosotros nos corresponde comprobar si al trabajador se le está pagando correctamente, por lo que el cliente jamás debe dudar en preguntar si le están pagando con la tarifa adecuada. Cuando se determina que la tarifa no es la adecuada, se puede convocar una audiencia con un juez, quien fijará cuál es la tarifa adecuada. Es posible que, el error no sea tan grande, por lo que la diferencia puede pagarse al final del caso, una vez resuelto.

¿Cómo y por qué las aseguradoras tratan de usar tácticas dilatorias cuando manejan una reclamación de compensación de trabajadores?

La regla de oro dice "el que tiene el oro pone las reglas". Cuando una aseguradora quiere ahorrarse dinero y demorar el proceso para que alguien acepte un arreglo más bajo, o cuando simplemente pretende negar el tratamiento médico como sea tras la expiración del plazo de dos años para cobrar los beneficios de discapacidad por pérdida de salario, sin duda alguna puede tener éxito haciéndolo. Es imposible imaginar que una aseguradora reconozca esta práctica. En los grandes casos en los que hay una alta valoración de deterioro, una enfermedad crónica y una discapacidad total para trabajar, la aseguradora y yo podemos tardar muchos años para desarrollar evidencias importantes que puedan conducir a una recuperación considerable. A mi juicio, al combinar estos factores con un sistema de resolución de conflictos ineficiente y sobrecargado, nuestros clientes deben preguntarse cuánto tiempo pueden aguantar antes de decidir si aceptan un acuerdo. Hay que recordar que un acuerdo de conciliación solo implica que uno sabe lo que va a recibir y cuándo lo va a recibir. No quiere decir en absoluto que esté recibiendo lo máximo o lo mínimo que podría recibir si jugara hasta el final. Hay un viejo refrán que dice: "Más vale un mal acuerdo que un buen pleito". Por desgracia, esta frase tiene algo de cierto.

CAPÍTULO 9

FACTORES A CONSIDERAR ANTES DE ACEPTAR UN ACUERDO DE CONCILIACIÓN EN SU CASO DE COMPENSACIÓN DE TRABAJADORES

Tomar la decisión de aceptar una oferta de un acuerdo de conciliación puede ser complicado y confuso. Supongamos, por ejemplo, que una persona reclamante tiene un caso de compensación de trabajadores de cuatro años y le ofrecen una indemnización a tanto alzado de 50,000 dólares como pago con la condición de firmar un documento de "compromiso y liberación", es decir, que renuncia a su derecho de recibir todos los beneficios futuros. La persona reclamante es consciente y sabe que, si acepta la propuesta, recibirá el cheque en un plazo de 30 días. Suena como un trato, ¿verdad? Pues no necesariamente. ¿Qué pasa si el valor de la reclamación es en realidad de 100,000 dólares, o quizás de medio millón de dólares? ¿Cómo sabe el reclamante que se trata de una oferta razonable y justa, o cuándo debe simplemente aceptar la oferta?

Cualquier médico que evalúe o atienda a un paciente por una lesión laboral debe redactar un informe conforme a la 5ª edición de las Guías para la evaluación de deterioros permanentes de la Asociación Médica Americana (AMA, por sus siglas en inglés), en otros estados usan la 6ª Edición. En este informe, el médico debe hacer un cálculo del porcentaje de lo que se llama "deterioro de toda la persona", que califica las lesiones del trabajador como una proporción del resto de su cuerpo. Este cálculo esta basado en los efectos que han causado las lesiones al trabajador en su vida diaria (por ejemplo, cocinar, limpiar, vestirse, etc.).

Teóricamente, cualquier médico evaluador debe estar capacitado para emplear ciertos términos y arrojar los porcentajes adecuados de una o de varias partes del cuerpo. En la columna vertebral hay "clasificaciones programadas" de 5 categorías diferentes. En cuanto a los hombros, las manos, las muñecas, los codos y las rodillas, suelen basarse en el método del rango de movilidad, sin embargo, el evaluador tiene la posibilidad de usar la pérdida de fuerza. Si se trata de una lesión ortopédica, puede haber un aumento de un 3% para el dolor. Es posible calificar el dolor por separado si hay un trastorno de dolor específico. Por regla general, una queja de dolor que afecte únicamente a una parte del cuerpo no da motivo para que se califique el dolor por separado. No se debe perjudicar a los trabajadores lesionados por desconocer las sutilezas de un sistema de compensación sumamente técnico y obsoleto que llama "discapacidad permanente" a una categoría de deterioro. Entendemos como discapacidad a la imposibilidad de trabajar, mientras que el deterioro es una disfunción anatómica. Ambos términos son muy diferentes, pero la legislación de California los ha mezclado. Por lo demás, un acuerdo de conciliacion de compensación de trabajadores se basa en la calificación del deterioro, y no en el grado de dolor o discapacidad para trabajar que existe cuando el paciente es dado de alta de los cuidados médicos.

Todas las conciliaciones de todos los casos, con o sin abogado, tienen que presentarse ante un juez de derecho administrativo de compensación de trabajadores. Deben presentar los documentos preimpresos en formatos con código de barras OCR y autorizados por el estado. Deben rellenarse correctamente para ser escaneados en el sistema del estado por vía electrónica. Cuando el reclamante no tenga abogado, los formatos debidamente rellenados deberán enviarse vía correo. Si los documentos se rellenan de forma incorrecta (y seguimos asistiendo a seminarios durante todo un día para aprender a hacerlo), éstos serán rechazados y es probable que nunca los vea un juez.

En cuanto el juez recibe los formatos, está en la obligación de revisar detenidamente la conciliación. Dado que hay demasiadas consideraciones para que el juez tome una decisión rápida, éste enviará el caso a un funcionario de información y asistencia que trabaja con la División de Compensación de Trabajadores Estatal. El funcionario se reunirá con el reclamante y revisará la conciliación. Quizás después de tres o seis meses, el caso volverá a ser enviado al juez y se podrá fijar una audiencia. Si bien el caso en realidad puede valer tres o cuatro veces más que la oferta, la aseguradora se negará a pagar dicha cantidad, por lo que el juez no deberá autorizar la conciliación. En consecuencia, el caso del reclamante seguirá su curso el próximo año.

A causa de la COVID-19, no se están celebrando audiencias judiciales presenciales. Los abogados presentan la conciliación de forma electrónica, y deben informar a sus clientes sobre todo los derechos que tienen. Los abogados éticos saben cómo es "la curva de campana" de las conciliaciones. En mi caso, siempre intento llegar a la parte más alta de la curva. Considero que he llegado a la parte media o alta de la curva en muchos casos. Esto es porque sé cómo evaluar los casos en el rango de la curva de campana, e incluso si no podemos conseguirlo, recomiendo otras opciones y enfoques.

Algunos entes, como las municipalidades, los hospitales, los distritos escolares y los comercios de gran tamaño se " autoaseguran ", es decir, que el dinero que pagan sale de su propio bolsillo, al contrario de lo que ocurre con una aseguradora. Al pagar de su propio bolsillo, ¡por sentido común no se debe pagar de más por algo!

Son muchos los clientes que se sienten muy frustrados y desilusionados durante el proceso de un acuerdo de conciliación, y puede que quieran conformarse con el dinero que se les ofrece y seguir adelante. Sin embargo, no pueden hacerlo porque el juez no autoriza la conciliación. He revisado por lo menos unas mil ofertas de conciliación. Si veo una oferta que se acerca a la realidad, simplemente le digo al reclamante cómo conseguir este dinero adicional sin contratar a un abogado de ser posible, y si el caso es relativamente fácil de resolver.

Capítulo 10

¿Cómo Puede Un Acuerdo De Conciliación De Compensación De Trabajadores Afectar Otros Beneficios?

Un acuerdo de conciliación de compensación de trabajadores puede afectar los beneficios privados por discapacidad, así como el derecho de recibir futuros beneficios médicos por medio de Medi-Cal o Medicare en caso de que exista una conciliación a tanto alzado. Además, puede influir sobre la recepción de beneficios por discapacidad de la Seguridad Social en caso de que el acuerdo de conciliación no sea debidamente asignado. Se trata de asuntos muy complicados y un abogado debe examinar cada caso de forma individual. El hecho es que si las conciliaciones no están bien redactadas, puede ocasionar problemas imprevistos para el futuro.

¿Cómo se calculan los montos de los acuerdos de conciliación, y qué sucede cuando mis lesiones vuelven a aparecer o se agravan en el futuro?

La mayor parte de los acuerdos de conciliación incluyen una cantidad en dólares correspondiente al valor de la calificación de discapacidad permanente y los gastos futuros de atención médica, asumiendo que se solicite un monto a tanto alzado. La aseguradora en ningún caso puede obligar al reclamante a que acepte indemnización a tanto alzado, y viceversa. Generalmente, cuando el trabajador vuelve a su trabajo después de haber recibido el tratamiento médico y la calificación de discapacidad, no podrá recibir una indemnización a tanto alzado, salvo que la aseguradora ya no asegure al empleador. Cabe señalar que la mayoría de los acuerdos de conciliación prevén una compensación para gastos corrientes, y los reclamantes podrán recibir un reembolso del kilometraje de ida y vuelta a las consultas médicas. Además, el reclamante puede recibir una compensación estipulada, es decir, recibir la compensación quincenal con un máximo de 290 dólares a la semana, manteniendo su derecho de recibir atención médica en el futuro.

¿Y los honorarios de los abogados?

Es necesario hacer público que los honorarios de los abogados se deducen entre el 9 y el 15 por ciento de la suma definitiva del acuerdo de conciliación. En el caso de los abogados especialistas certificados en derecho, como es mi caso, o quienes tienen un alto nivel de competencia, o que llevan a cabo un gran trabajo para conseguir un resultado excelente e incluso extraordinario, podrán recibir más del 15 por ciento de la cantidad total del acuerdo de conciliación. En California, cada junta de apelación de la compensación de trabajadores cuenta con sus propios procedimientos y prácticas con respecto al manejo de los honorarios de los abogados. Sin embargo, no está permitido que los abogados cobren por las consultas, ni que cobren honorarios por adelantado. Cualquier solicitud de honorarios tiene que ser autorizada por un juez de derecho administrativo de compensación de trabajadores al momento de llegar a una conciliación. La totalidad de los honorarios será deducida del acuerdo de conciliación final, sin importar si hay o no una indemnización a tanto alzado.

Sabemos de situaciones en las cuales los abogados cobran honorarios por una consulta o cobran honorarios por sus servicios mientras está pendiente una reclamación; esta práctica es ilegal, por lo que el abogado será severamente disciplinado por el Colegio de Abogados de California. Algunos clientes me ofrecen dinero en efectivo o me hacen un cheque luego de una consulta gratuita, y aunque aprecio su generosidad, me rehúso a tales pedidos pues sé que es ilegal que los clientes me paguen de su bolsillo por una consulta o por cualquier servicio previo a recibir un acuerdo de conciliación aprobada.

Capítulo 11

¿Debería Contratar A Un Abogado Justo Después De Una Lesión O Debo Esperar A Que Me Nieguen La Compensación?

Por lo general, les decimos a nuestros clientes que no podemos hacer mucho por ellos hasta que se presente un formato de reclamación. En caso de que la aseguradora acepte la reclamación, debemos decidir sobre la gravedad de las secuelas. Cuando la reclamación se retrase o se niegue el tratamiento médico, es mejor contratar los servicios de un abogado al inicio del proceso y recibir el tratamiento médico adecuado por parte de un médico privado o de un panel QME.

Si la reclamación es negada, resulta poco probable que el trabajador pueda recibir tratamiento médico apropiado a través del sistema de compensación de trabajadores, al menos en el condado de San Diego. En estas circunstancias, lo mejor es recibir tratamiento médico por medio de su propio plan de salud individual. Sin embargo, hay muchos médicos que se negarán a dar tratamiento por una lesión laboral, aunque la reclamación de compensación de trabajadores haya sido negada. Esta situación puede generar aguas muy turbias entre los clientes a los que se les niega injustamente el tratamiento médico con sus planes de salud privados. No cabe duda de que podemos asistir a nuestros clientes para que reciban tratamiento médico, aunque se les niegue la reclamación mediante su plan de salud.

En ocasiones, las reclamaciones negadas se pueden resolver al inicio del proceso mediante compensaciones a tanto alzado. En cuanto la reclamación de compensación de trabajadores queda resuelta, la póliza de seguro médico debe cubrir el tratamiento médico del trabajador, incluso con condiciones preexistentes. Pero sigue siendo muy común que las aseguradoras de salud pretendan negar el tratamiento médico de las reclamaciones de compensación de trabajadores para reclamar los beneficios que son negados. Esta es una situación muy complicada que exige un análisis de cada caso. Por ello, lo mejor es consultar con un profesional al inicio del proceso. Hablo con mucha franqueza con mis posibles clientes sobre lo que puedo y no puedo hacer.

¿Qué riesgos conlleva manejar un caso de compensación de trabajadores sin un abogado?

Existen un gran número de riesgos asociados con el manejo de un caso de compensación de trabajadores sin un abogado. El principal error es creer que el médico tratante hará una evaluación exhaustiva y precisa de la magnitud de las lesiones, y que escribirá informes razonables al momento de llegar a una conciliación. En efecto, es muy común que las personas reciban tratamiento por parte de los médicos durante un largo período de tiempo, para finalmente darse cuenta de que el tratamiento médico, los diagnósticos o los medicamentos que necesita son retrasados o negados debido a que el médico tiene demasiados pacientes.

En su mayoría, nuestros clientes son personas trabajadoras y aparentemente honestas que sólo quieren volver a trabajar y continuar con sus vidas. Pero esto no siempre es posible. En ocasiones, los clientes son demasiado confiados con sus médicos, que normalmente son elegidos por las aseguradoras. En mi opinión, los representantes de las aseguradoras tratan de hacer lo mejor posible, pero su función no es la de dar el mejor asesoramiento a los trabajadores, eso es lo que hacemos nosotros. Conforme pasa el tiempo, los beneficios médicos de la compensación de trabajadores y el derecho de ver a determinados especialistas se están esfumando debido a que los médicos renuncian al sistema de compensación de trabajadores para buscar pastos más verdes (es decir, mejor salario y menos trámites).

Frecuentemente, los clientes no son informados de sus opciones para obtener tratamiento médico o quiropráctico en el sistema de compensación de trabajadores. De hecho, los clientes disponen de un amplio margen de maniobra para elegir a su médico de cabecera. En el estado de California, un cliente puede elegir, por ejemplo, un ortopedista o un algólogo, un quiropráctico o incluso un acupunturista como médico de cabecera. La gente en su mayoría no sabe esto, y aunque lo supiera, no sabría qué médico elegir de una lista de casi 300. Solemos reducir la lista de 300 médicos a una de cinco o diez. En cuanto logramos reducir la lista, podemos conseguir citas médicas de inmediato para nuestros clientes. Tenemos algunos clientes que están en tratamiento con un cirujano ortopédico de columna vertebral con gran experiencia en lesiones en el hombro o la rodilla que no son operadas. Esta situación no la puedo explicar, pero basta con decir que un cirujano de la columna vertebral puede comprender la ortopedia general en relación con la rodilla o el hombro lesionado, aunque no se trata de su especialidad. Algunos mecánicos de automóviles son capaces de trabajar en una parte concreta de la transmisión, mientras que no saben nada sobre llantas o silenciadores; igual pasa con el cuerpo humano.

Es importante tener en cuenta que cuanto antes se acuda al médico adecuado, más rápido podrá recibir el tratamiento apropiado y, con un poco de suerte, mejorar. Somos conscientes de la frustración que sienten nuestros clientes cuando nos llaman, lo cierto es que muchos de ellos desearían habernos llamado antes. Así como no es el trabajo de un médico reprender a sus pacientes si no dejan de fumar, no pierden peso o no reducen su consumo de alcohol, tampoco es mi trabajo reprender al público en general por no entender las reglas del sistema de reclamaciones de compensación de trabajadores. Mi trabajo consiste en ayudar a los clientes a navegar de manera eficiente y rápida en el referido sistema.

De la misma manera que un chef sabe las recetas como la palma de su mano o como un mecánico que no necesita consultar el manual del automóvil para arreglar una transmisión, simplemente soy un técnico legal que comprende la ley e identifica la solución adecuada a un problema en particular.

Capítulo 12

¿Cuál Es La Diferencia Entre Su Bufete De Abogados Y Usted Y?

En el año 1989, antes de ser abogado, tuve algo de experiencia como asistente legal manejando casos de lesiones personales, penales y divorcios. Además, a mediados de los años 80 trabajé como investigador privado para el condado de San Diego. Cuando empecé a ejercer la abogacía, algunos médicos me contactaron con la intención de que ayudara a sus pacientes en casos de compensación de trabajadores.

Era evidente para mí el hecho de que muchos abogados de compensación de trabajadores tienen una práctica basada en el volumen de trabajo y manejan los casos más o menos de la misma manera.

En este sentido, siempre he tratado de ofrecer un mayor nivel de honestidad y servicio personalizado a mis clientes. Soy consciente de que algunos clientes tienen falsas expectativas sobre lo que pueden y no pueden hacer los abogados, y que a veces esta carrera es bastante parecida a la de un trabajador social. En mis primeros años, me propuse divulgar mis referencias en la comunidad legal de la localidad de San Diego. Me parecía necesario responder a las llamadas telefónicas de manera oportuna, por lo que me rodeaba con personal de apoyo capacitado y muy preparado. El resultado es que, después de casi 33 años, estoy ejerciendo mi profesión prácticamente solo por recomendaciones.

Me apasiona enormemente la labor que hago al conseguir que los pacientes reciban un tratamiento médico adecuado y tengan el mayor número posible de beneficios médicos previstos por la ley. Sé muy bien que muchas personas solo acuden a mi consulta cuando realmente lo necesitan. Existe la percepción generalizada de que los clientes de compensación de trabajadores no desean recuperarse y no quieren volver a trabajar, para mí no es así.

En el año 2004, cuando Arnold Schwarzenegger asumió el cargo de gobernador de California, revisó a fondo el sistema de compensación de trabajadores, haciendo que el acuerdo de conciliación monetaria definitiva de una persona se basara en un deterioro, mientras que antes se basaba en las restricciones laborales o la discapacidad del individuo. Es importante distinguir que un deterioro es una disfunción en una parte del cuerpo, mientras que una discapacidad es la incapacidad o capacidad reducida de trabajar en el mercado laboral. Hay personas que tienen una lesión aparentemente leve en el cuello pero afirman que nunca podrán volver a trabajar.

Pero también hay personas que han sufrido cirugías graves de cuello, y pueden volver a sus trabajos debido a que son bien remuneradas y además el empleador está dispuesto a ajustarse a sus necesidades. Aunque tiene un alto nivel de discapacidad en términos porcentuales, esta persona es capaz de realizar su trabajo diariamente. Vamos a considerar, por ejemplo, el caso de un jugador de futbol americano profesional que es sometido a una cirugía de espalda. Bajo un contrato laboral, puede volver a trabajar y jugar todos los días al futbol americano. Este futbolista debería tener el mismo nivel de discapacidad que un trabajador de la construcción o un oficinista sometido al mismo tipo de cirugía. Dicho de otro forma, el sistema de compensación de trabajadores no premia a una persona por no trabajar o tener un mayor nivel de discapacidad, ni penaliza a la persona que es capaz de regresar al trabajo. La diferencia radica en el tipo de acuerdo de conciliación que reciben. No hay que olvidar que cuando una persona vuelve al trabajo donde se lesionó, es probable que no tenga derecho a una indemnización a tanto alzado. ¿Para qué desearía un empleador compensar a alguien por gastos médicos futuros si la persona puede presentar una reclamación completamente nueva si hay un 1% de agravamiento de la lesión física anterior?

Consideremos, por ejemplo, a un trabajador de la construcción que se corta una parte de su dedo índice; este tipo de lesión supone un deterioro entre el tres y el ocho por ciento. En caso de que este trabajador de la construcción vuelva a trabajar en el mismo sitio y siga haciendo su trabajo, y si la empresa termina cerrando, es posible que la aseguradora le diga que puede optar a una compensación. Si el trabajador me llama y me pregunta cuánto podría ayudarlo a conseguir, le diría que unos 20,000 o 25,000 dólares. Probablemente, el trabajador se alegraría mucho, puesto que había asumido que no podía optar a un acuerdo de conciliación.

Veamos ahora un escenario diferente; el de un cirujano ortopédico que, por no prestar atención a lo que estaba haciendo, se cortó el dedo índice. Probablemente, como médico, no podrá volver a realizar una cirugía. Si se dieran estas circunstancias, la calificación anatómica del cirujano coincidiría con la del trabajador de la construcción, a pesar de que el trabajador de la construcción pudo volver a trabajar y el cirujano no.

Lo que quiero decir es lo siguiente: Tengo como propósito presentar cada caso de la mejor forma posible considerando cada hecho en particular. En el sistema de compensación de trabajadores existen muchas limitaciones; las conciliaciones han ido disminuyendo a medida que los costos médicos se han reducido, y las aseguradoras han dejado de pagar importantes sumas de dinero por gastos médicos futuros.

A decir verdad, pienso que lo mejor que puedo hacer es ofrecer a cada cliente una evaluación precisa de cada reclamación basándome en las circunstancias particulares de su caso. Así que, cuando me consultan, trato de no hablar sobre la cantidad de dinero que puedo recuperar al final del caso. Un posible cliente recientemente me comentó lo que otros dos abogados le habían dicho sobre la posibilidad de conseguir 75.000 dólares por su reclamación, y le dije que un abogado difícilmente puede saber este dato. Y la razón es que simplemente hay demasiadas variables en juego, y la cantidad del acuerdo de conciliación va a depender de los efectos secundarios de las lesiones y de los gastos médicos futuros.

Considero importante que, en muchos casos, las personas soliciten la opinión de diferentes abogados antes de contratar a uno. La mayoría de mis clientes acuden a mí por las excelentes referencias que les han dado sus familiares u otros abogados, por lo que saben que me van a contratar antes incluso de hablar conmigo. Si bien esto es bastante halagador, frecuentemente les recomiendo a los clientes que consulten con otros abogados de buena reputación, sobre todo si están indecisos respecto a contratarme. Me gusta que se sientan en libertad de preguntar a diferentes abogados sin temer a las represalias. Cuando alguien me hace una pregunta que no puedo responder, soy sincero y digo que no tengo la respuesta; jamás inventaría una respuesta con la intención de satisfacer a un posible cliente o a uno actual.

Otra cosa importante es que las personas puedan confirmar la responsabilidad del abogado que contratan y que tenga un historial intachable en el Colegio de Abogados de California, esto se puede hacer consultando la página www.calbar.ca.gov. También deben saber si el abogado dispone de un seguro de mala praxis o de responsabilidad civil por si las cosas se complican (mi bufete cuenta con dicho seguro, pero algunos no). Por último, las personas que no están satisfechas con su abogado pueden cambiarlo en cualquier momento y por cualquier razón.

A veces los clientes dicen que desean despedir a sus abogados. Frecuentemente les recomiendo que traten de solventar sus disputas primero con el abogado. Hay abogados que se les reprocha no responder a las llamadas telefónicas o a los correos electrónicos, e incluso no comunicarse con los clientes personalmente. Si bien es importante que las personas comprendan que los abogados tienen mucho trabajo y suelen manejar a la vez muchos casos, considero que también es importante que el cliente sienta que puede dirigirse al abogado cuando lo necesita. El personal de apoyo puede atender fácilmente la mayoría de las consultas de mis clientes, pero aclaro que la responsabilidad es mía. En este sentido, si un cliente necesita hablar conmigo o no quedó satisfecho con la respuesta que le dio mi personal, puede concertar una cita por teléfono o una reunión a través de Zoom, o comunicarse directamente conmigo por correo electrónico para que le responda a sus preguntas e inquietudes.

Ahora bien, también hay clientes que a veces olvidan que no estamos a su disposición las 24 horas del día, los 365 días del año, las noches, los fines de semana o los días festivos. De ahí surge la tendencia de algunos clientes de llamar con cualquier pregunta en cualquier momento, muchas veces en la semana. Esta situación es una especie de bandera de color rojo; si un cliente desea tener una relación armoniosa con su abogado, debe tratar de formular sus preguntas al mismo tiempo, en vez de llamar todos los días con una pregunta diferente. Se que los clientes se preocupan y se angustian durante el proceso de compensación de trabajadores. Es por ello que trato de cubrir toda la información pertinente en mis primeras cartas. De todas formas, también quiero que mis clientes se sientan libres de llamarme si tienen preguntas, en especial las relacionadas con los formatos y las cartas enviadas por las aseguradoras, que a menudo son confusas.

Tengo la esperanza en que los clientes tengan presente que los abogados y el personal de apoyo somos también seres humanos; sangramos, tenemos emergencias familiares, nos enfermamos, nos vamos de vacaciones y nos equivocamos. Yo siempre digo que los lápices tienen borrador porque las personas cometen errores. Ahora bien, sé que es mi nombre el que aparece en la puerta del despacho, es decir, que si el cliente no queda satisfecho con algo, la culpa del problema no es de mi personal de apoyo ni de nadie más; asumiré la responsabilidad de todo y me esforzaré al máximo para solucionar el problema.

Es frecuente que los clientes se quejen de que los cheques de discapacidad sufran retrasos o no lleguen, o que el kilometraje no sea reembolsado adecuadamente. Las aseguradoras suelen disponer de 60 días para atender las solicitudes de reembolso por kilometraje; si lo abonan el día 65, no suele ser un problema grave. Supuestamente, cada quincena los clientes deben recibir sus cheques de discapacidad temporal en un día específico de la semana (sin retraso). Por causas ajenas al abogado o a la aseguradora, ciertos eventos pueden provocar retrasos de dos o tres días (a saber, días festivos, un fallo del sistema de correo, error humano). Es por este motivo que se recomienda a los clientes que no emitan cheques sin haber confirmado que el dinero está en su cuenta, y que no deben gritar o usar palabras inadecuadas cuando se dirijan al abogado o al personal de apoyo.

Tras más de 30 años de ejercicio profesional, considero que nuestra reputación habla por sí sola pues nos recomiendan muy buenos abogados y personas que conozco desde hace muchos años. Nadie es perfecto, sin embargo, sabemos lo importante que es mantener la compostura y ser razonables en los momentos difíciles. Cuando un cliente demuestra que es incapaz de hacer lo mismo, al gritar, maldecir o llamar todos los días, es probable que nosotros (al igual que la mayoría de los abogados) optemos por no seguir representando a dicho cliente. Por suerte, en nuestro bufete rara vez sucede esto, puesto que elegimos nuestros casos y clientes con cierto cuidado para evitar personas difíciles. Al mismo tiempo, sabemos que muchos clientes están lesionados y extremadamente ansiosos por su situación, por lo que hacemos todo lo posible por comprenderlos. Mi objetivo como abogado es manejar cada caso de la manera más eficiente y eficaz posible.

Índice

A

Asociación Médica Americana (AMA, por sus siglas en inglés)

Honorarios de los abogados

B

Quincenal bi-weekly intervals

juego sobre las partes del cuerpo

C

Departmento de Seguros de California

Administración de Seguridad y Salud Ocupacional de California

Código Laboral de California California

sistema de responsabilidad civil

compromiso y liberación

Traumatismo Continuo

COVID-19

cruzado

Traumatismo acumulativo

D

discapacidad

Formato DWC

E

angustia emocional

F

honorarios por una consulta

I

deterioro

contratista independiente

agresor inicial

aseguradora

fraude a la aseguradora

L

cursos para la formación jurídica

acuero de conciliación muy bajo low

indemnización a tanto alzado

N

negligencia

O

formatos con código de barras OCR

regla de causalidad del uno por ciento

P

perjurio perjury

informe permanente y estacionario

después de la terminación

formato de predesignar

R

solicitud de asistencia (RFA, por sus siglas en inglés)

S

acuerdo de conciliación

acoso sexual

Colegio de Abogados de California

División de Compensación de Trabajadores Estatal

estatuto de limitaciones

video de vigilancia

U

problemas imprevistos

conductor de UPS

revisión de utilización (UR, por sus siglas en inglés)

W

beneficios de discapacidad por pérdida de salario

deterioro de toda la persona

Junta de Apelación de la Compensación de Trabajadores

sistema de compensación de trabajadores

NOTAS

Made in United States
Troutdale, OR
10/03/2026

55133315R00067